MES RECETTES
DÉLICIEUSES

NOM DE LA RECETTE

NUMÉRO DE PAGE

NOM DE LA RECETTE

NOM DE LA RECETTE

NUMÉRO DE PAGE

_____
NOM DE LA RECETTE

○ APÉRITIF ○ PLAT PRINCIPAL ○ CASSE-CROÛTE ○ DESSERT ○_____ ○_____

_____ **PARTS**　　　_____ **TEMPS PRÉPARATION**　　　_____ **TEMPS DE CUISSON**

PRÉPARATION

INGRÉDIENTS

_____
_____
_____
_____
_____
_____
_____
_____
_____
_____
_____
_____
_____
_____
_____
_____
_____
_____
_____
_____
_____
_____

6

NOM DE LA RECETTE

○ APÉRITIF ○ PLAT PRINCIPAL ○ CASSE-CROÛTE ○ DESSERT ○ _____ ○ _____

PARTS   TEMPS PRÉPARATION   TEMPS DE CUISSON

PRÉPARATION

INGRÉDIENTS

NOTES

_____

NOM DE LA RECETTE

○ APÉRITIF ○ PLAT PRINCIPAL ○ CASSE-CROÛTE ○ DESSERT ○ _____ ○ _____

PARTS · TEMPS PRÉPARATION · TEMPS DE CUISSON

PRÉPARATION

_____
_____
_____
_____
_____
_____
_____
_____
_____
_____
_____
_____
_____
_____
_____
_____
_____
_____
_____
_____
_____
_____

INGRÉDIENTS

_____   _____
_____   _____
_____   _____
_____   _____
_____   _____
_____   _____
_____   _____
_____   _____
_____   _____
_____   _____
_____   _____
_____   _____
_____   _____
_____   _____
_____   _____
_____   _____
_____   _____
_____   _____
_____   _____

NOTES

_____
NOM DE LA RECETTE

○ APÉRITIF ○ PLAT PRINCIPAL ○ CASSE-CROÛTE ○ DESSERT ○ _____ ○ _____

_____ PARTS   _____ TEMPS PRÉPARATION   _____ TEMPS DE CUISSON

PRÉPARATION

INGRÉDIENTS

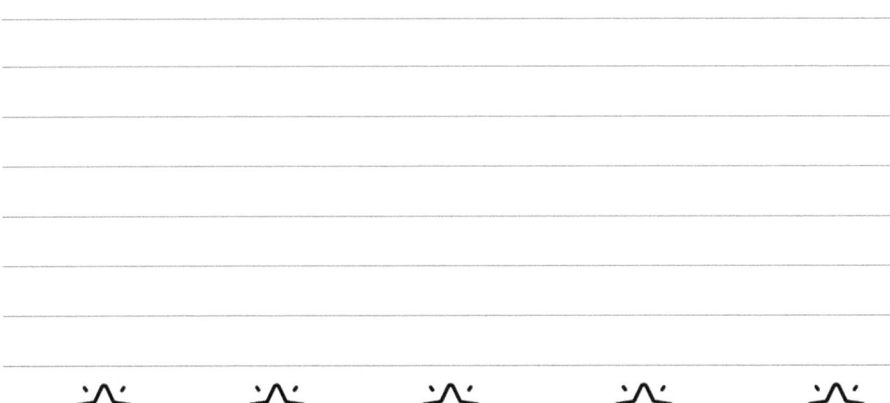

NOTES

NOM DE LA RECETTE

○ APÉRITIF ○ PLAT PRINCIPAL ○ CASSE-CROÛTE ○ DESSERT ○ _____ ○ _____

PARTS   TEMPS PRÉPARATION   TEMPS DE CUISSON

PRÉPARATION

INGRÉDIENTS

NOTES

NOM DE LA RECETTE

◯ APÉRITIF ◯ PLAT PRINCIPAL ◯ CASSE-CROÛTE ◯ DESSERT ◯ _____ ◯ _____

PARTS TEMPS PRÉPARATION TEMPS DE CUISSON

PRÉPARATION

INGRÉDIENTS

NOTES

NOM DE LA RECETTE

○ APÉRITIF ○ PLAT PRINCIPAL ○ CASSE-CROÛTE ○ DESSERT ○ _____ ○ _____

PARTS   TEMPS PRÉPARATION   TEMPS DE CUISSON

PRÉPARATION

INGRÉDIENTS

NOTES

_____

NOM DE LA RECETTE

○ APÉRITIF ○ PLAT PRINCIPAL ○ CASSE-CROÛTE ○ DESSERT ○_____ ○_____

PARTS   TEMPS PRÉPARATION   TEMPS DE CUISSON

PRÉPARATION

INGRÉDIENTS

NOTES

_____

NOM DE LA RECETTE

○ APÉRITIF ○ PLAT PRINCIPAL ○ CASSE-CROÛTE ○ DESSERT ○ _____ ○ _____

_____ PARTS   TEMPS PRÉPARATION   TEMPS DE CUISSON

PRÉPARATION

_____

_____

_____

_____

_____

_____

_____

_____

_____

_____

_____

_____

_____

_____

_____

_____

_____

_____

_____

INGRÉDIENTS

_____ _____

_____ _____

_____ _____

_____ _____

_____ _____

_____ _____

_____ _____

_____ _____

_____ _____

_____ _____

_____ _____

_____ _____

_____ _____

_____ _____

_____ _____

_____ _____

_____ _____

_____ _____

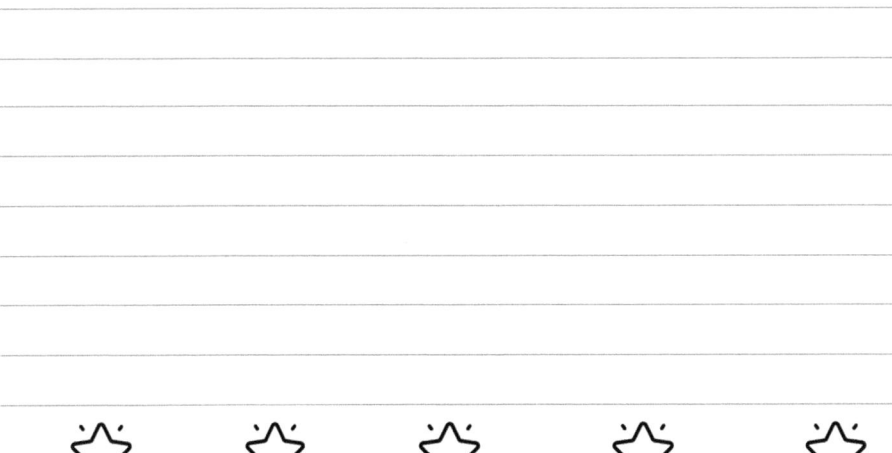

NOTES

NOM DE LA RECETTE

○ APÉRITIF ○ PLAT PRINCIPAL ○ CASSE-CROÛTE ○ DESSERT ○_____ ○_____

_____ PARTS

_____ TEMPS PRÉPARATION

_____ TEMPS DE CUISSON

PRÉPARATION

INGRÉDIENTS

NOTES

_____

NOM DE LA RECETTE

○ APÉRITIF ○ PLAT PRINCIPAL ○ CASSE-CROÛTE ○ DESSERT ○ _____ ○ _____

PARTS   **TEMPS PRÉPARATION**   **TEMPS DE CUISSON**

PRÉPARATION

INGRÉDIENTS

NOTES

NOM DE LA RECETTE

○ APÉRITIF ○ PLAT PRINCIPAL ○ CASSE-CROÛTE ○ DESSERT ○_____ ○_____

PARTS

TEMPS PRÉPARATION

TEMPS DE CUISSON

PRÉPARATION

INGRÉDIENTS

NOTES

NOM DE LA RECETTE

○ APÉRITIF ○ PLAT PRINCIPAL ○ CASSE-CROÛTE ○ DESSERT ○ _____ ○ _____

PARTS   TEMPS PRÉPARATION   TEMPS DE CUISSON

PRÉPARATION

INGRÉDIENTS

NOTES

_____

NOM DE LA RECETTE

○ APÉRITIF ○ PLAT PRINCIPAL ○ CASSE-CROÛTE ○ DESSERT ○ _____ ○ _____

PARTS   TEMPS PRÉPARATION   TEMPS DE CUISSON

PRÉPARATION

INGRÉDIENTS

26

NOTES

_____

NOM DE LA RECETTE

○ APÉRITIF ○ PLAT PRINCIPAL ○ CASSE-CROÛTE ○DESSERT ○_____ ○_____

_____ PARTS _____ TEMPS PRÉPARATION _____ TEMPS DE CUISSON

PRÉPARATION

INGRÉDIENTS

28

NOTES

NOM DE LA RECETTE

○ APÉRITIF ○ PLAT PRINCIPAL ○ CASSE-CROÛTE ○ DESSERT ○ _____ ○ _____

PARTS

TEMPS PRÉPARATION

TEMPS DE CUISSON

PRÉPARATION

INGRÉDIENTS

NOTES

NOM DE LA RECETTE

○ APÉRITIF ○ PLAT PRINCIPAL ○ CASSE-CROÛTE ○ DESSERT ○ _____ ○ _____

PARTS

TEMPS PRÉPARATION

TEMPS DE CUISSON

PRÉPARATION

INGRÉDIENTS

NOTES

_____

NOM DE LA RECETTE

○ APÉRITIF ○ PLAT PRINCIPAL ○ CASSE-CROÛTE ○ DESSERT ○ _____ ○ _____

_____ PARTS   _____ TEMPS PRÉPARATION   _____ TEMPS DE CUISSON

PRÉPARATION

INGRÉDIENTS

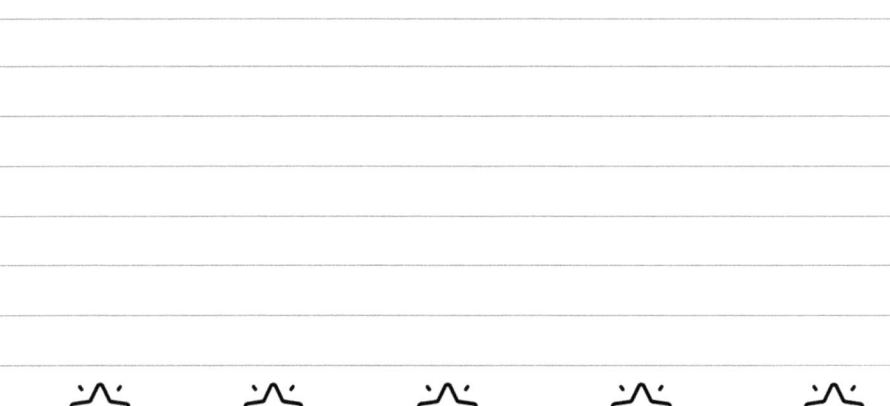

NOTES

_____

NOM DE LA RECETTE

○ APÉRITIF ○ PLAT PRINCIPAL ○ CASSE-CROÛTE ○ DESSERT ○ _____ ○ _____

_____ PARTS

_____ TEMPS PRÉPARATION

_____ TEMPS DE CUISSON

PRÉPARATION

_____
_____
_____
_____
_____
_____
_____
_____
_____
_____
_____
_____
_____
_____
_____
_____
_____
_____
_____
_____
_____
_____
_____
_____
_____

INGRÉDIENTS

_____ _____
_____ _____
_____ _____
_____ _____
_____ _____
_____ _____
_____ _____
_____ _____
_____ _____
_____ _____
_____ _____
_____ _____
_____ _____
_____ _____
_____ _____
_____ _____
_____ _____
_____ _____
_____ _____
_____ _____
_____ _____
_____ _____
_____ _____
_____ _____

NOTES

_____

NOM DE LA RECETTE

○ APÉRITIF   ○ PLAT PRINCIPAL   ○ CASSE-CROÛTE   ○ DESSERT   ○ _____   ○ _____

_____ **PARTS**   _____ **TEMPS PRÉPARATION**   _____ **TEMPS DE CUISSON**

PRÉPARATION

INGRÉDIENTS

NOTES

_____

NOM DE LA RECETTE

○ APÉRITIF ○ PLAT PRINCIPAL ○ CASSE-CROÛTE ○ DESSERT ○_____ ○_____

 _____ PARTS

 TEMPS PRÉPARATION

 TEMPS DE CUISSON

PRÉPARATION

INGRÉDIENTS

NOTES

_____

NOM DE LA RECETTE

○ APÉRITIF ○ PLAT PRINCIPAL ○ CASSE-CROÛTE ○ DESSERT ○ _____ ○ _____

PARTS   **TEMPS PRÉPARATION**   **TEMPS DE CUISSON**

PRÉPARATION

_____
_____
_____
_____
_____
_____
_____
_____
_____
_____
_____
_____
_____
_____
_____
_____
_____
_____
_____
_____
_____
_____
_____
_____

INGRÉDIENTS

_____ _____
_____ _____
_____ _____
_____ _____
_____ _____
_____ _____
_____ _____
_____ _____
_____ _____
_____ _____
_____ _____
_____ _____
_____ _____
_____ _____
_____ _____
_____ _____
_____ _____
_____ _____
_____ _____

NOTES

_____
_____
_____
_____
_____
_____
_____
_____

_____

NOM DE LA RECETTE

○ APÉRITIF ○ PLAT PRINCIPAL ○ CASSE-CROÛTE ○ DESSERT ○_____ ○_____

PARTS   TEMPS PRÉPARATION   TEMPS DE CUISSON

PRÉPARATION

INGRÉDIENTS

NOTES

NOM DE LA RECETTE

○ APÉRITIF ○ PLAT PRINCIPAL ○ CASSE-CROÛTE ○DESSERT ○_____ ○_____

PARTS   TEMPS PRÉPARATION   TEMPS DE CUISSON

PRÉPARATION

INGRÉDIENTS

NOTES

ÉVALUATION

_____ NOM DE LA RECETTE _____

○ APÉRITIF ○ PLAT PRINCIPAL ○ CASSE-CROÛTE ○ DESSERT ○ _____ ○ _____

_____ PARTS

_____ TEMPS PRÉPARATION

_____ TEMPS DE CUISSON

PRÉPARATION

INGRÉDIENTS

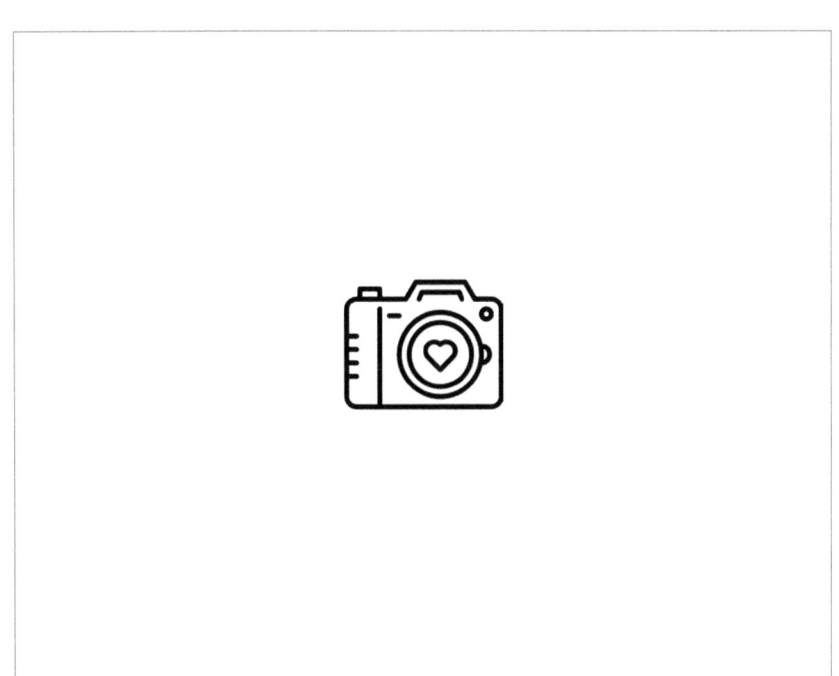

NOTES

_____ NOM DE LA RECETTE _____

○ APÉRITIF ○ PLAT PRINCIPAL ○ CASSE-CROÛTE ○DESSERT ○ _____ ○ _____ .

_____ PARTS   _____ TEMPS PRÉPARATION   _____ TEMPS DE CUISSON

PRÉPARATION

INGRÉDIENTS

50

NOTES

_____

NOM DE LA RECETTE

○ APÉRITIF ○ PLAT PRINCIPAL ○ CASSE-CROÛTE ○ DESSERT ○ _____ ○ _____

_____ **PARTS**   _____ **TEMPS PRÉPARATION**   _____ **TEMPS DE CUISSON**

PRÉPARATION

INGRÉDIENTS

NOTES

_____
NOM DE LA RECETTE

○ APÉRITIF ○ PLAT PRINCIPAL ○ CASSE-CROÛTE ○ DESSERT ○ _____ ○ _____

_____ PARTS   _____ TEMPS PRÉPARATION   _____ TEMPS DE CUISSON

PRÉPARATION

INGRÉDIENTS

NOTES

NOM DE LA RECETTE

○ APÉRITIF ○ PLAT PRINCIPAL ○ CASSE-CROÛTE ○ DESSERT ○ _____ ○ _____

PARTS   TEMPS PRÉPARATION   TEMPS DE CUISSON

PRÉPARATION

INGRÉDIENTS

NOTES

NOM DE LA RECETTE

○ APÉRITIF ○ PLAT PRINCIPAL ○ CASSE-CROÛTE ○ DESSERT ○ _____ ○ _____

PARTS TEMPS PRÉPARATION TEMPS DE CUISSON

PRÉPARATION

INGRÉDIENTS

NOTES

ÉVALUATION

NOM DE LA RECETTE

○ APÉRITIF ○ PLAT PRINCIPAL ○ CASSE-CROÛTE ○ DESSERT ○ _____ ○ _____

PARTS   TEMPS PRÉPARATION   TEMPS DE CUISSON

PRÉPARATION

INGRÉDIENTS

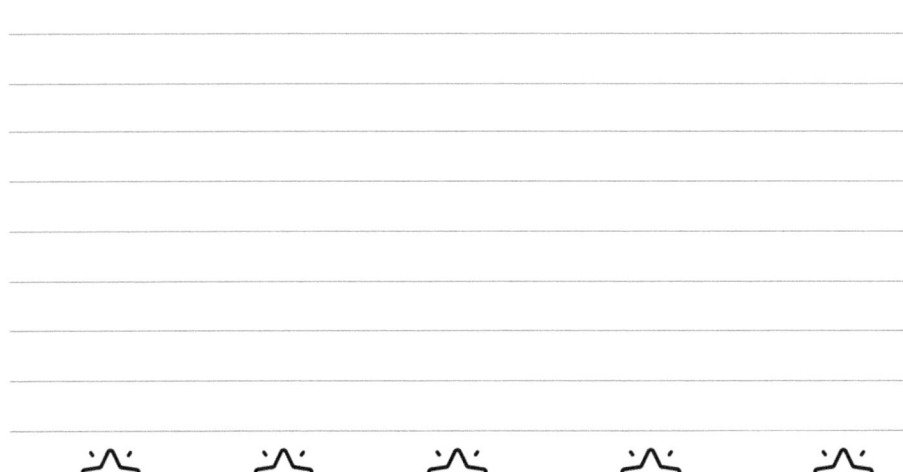

NOTES

NOM DE LA RECETTE

○ APÉRITIF ○ PLAT PRINCIPAL ○ CASSE-CROÛTE ○ DESSERT ○ _____ ○ _____

PARTS   TEMPS PRÉPARATION   TEMPS DE CUISSON

PRÉPARATION

INGRÉDIENTS

NOTES

_____
NOM DE LA RECETTE

○ APÉRITIF ○ PLAT PRINCIPAL ○ CASSE-CROÛTE ○ DESSERT ○ _____ ○ _____

_____ PARTS   _____ TEMPS PRÉPARATION   _____ TEMPS DE CUISSON

PRÉPARATION

_____
_____
_____
_____
_____
_____
_____
_____
_____
_____
_____
_____
_____
_____
_____
_____
_____
_____
_____
_____
_____
_____

INGRÉDIENTS

_____ _____
_____ _____
_____ _____
_____ _____
_____ _____
_____ _____
_____ _____
_____ _____
_____ _____
_____ _____
_____ _____
_____ _____
_____ _____
_____ _____
_____ _____
_____ _____
_____ _____
_____ _____
_____ _____
_____ _____
_____ _____
_____ _____

NOTES

NOM DE LA RECETTE

◯ APÉRITIF ◯ PLAT PRINCIPAL ◯ CASSE-CROÛTE ◯ DESSERT ◯_____ ◯_____

PARTS   TEMPS PRÉPARATION   TEMPS DE CUISSON

PRÉPARATION

INGRÉDIENTS

NOTES

NOM DE LA RECETTE

○ APÉRITIF ○ PLAT PRINCIPAL ○ CASSE-CROÛTE ○ DESSERT ○ _____ ○ _____

PARTS　　　TEMPS PRÉPARATION　　　TEMPS DE CUISSON

PRÉPARATION

INGRÉDIENTS

NOTES

NOM DE LA RECETTE

○ APÉRITIF ○ PLAT PRINCIPAL ○ CASSE-CROÛTE ○ DESSERT ○ _____ ○ _____

PARTS   TEMPS PRÉPARATION   TEMPS DE CUISSON

PRÉPARATION

INGRÉDIENTS

NOTES

NOM DE LA RECETTE

○ APÉRITIF ○ PLAT PRINCIPAL ○ CASSE-CROÛTE ○DESSERT ○_____ ○_____

PARTS   TEMPS PRÉPARATION   TEMPS DE CUISSON

PRÉPARATION

INGRÉDIENTS

NOTES

NOM DE LA RECETTE

○ APÉRITIF ○ PLAT PRINCIPAL ○ CASSE-CROÛTE ○ DESSERT ○_____ ○_____

_____ PARTS

_____ TEMPS PRÉPARATION

_____ TEMPS DE CUISSON

PRÉPARATION

INGRÉDIENTS

NOTES

NOM DE LA RECETTE

○ APÉRITIF ○ PLAT PRINCIPAL ○ CASSE-CROÛTE ○ DESSERT ○ _____ ○ _____

PARTS   TEMPS PRÉPARATION   TEMPS DE CUISSON

PRÉPARATION

INGRÉDIENTS

NOTES

_____
NOM DE LA RECETTE

○ APÉRITIF ○ PLAT PRINCIPAL ○ CASSE-CROÛTE ○ DESSERT ○_____ ○_____

PARTS   TEMPS PRÉPARATION   TEMPS DE CUISSON

PRÉPARATION

INGRÉDIENTS

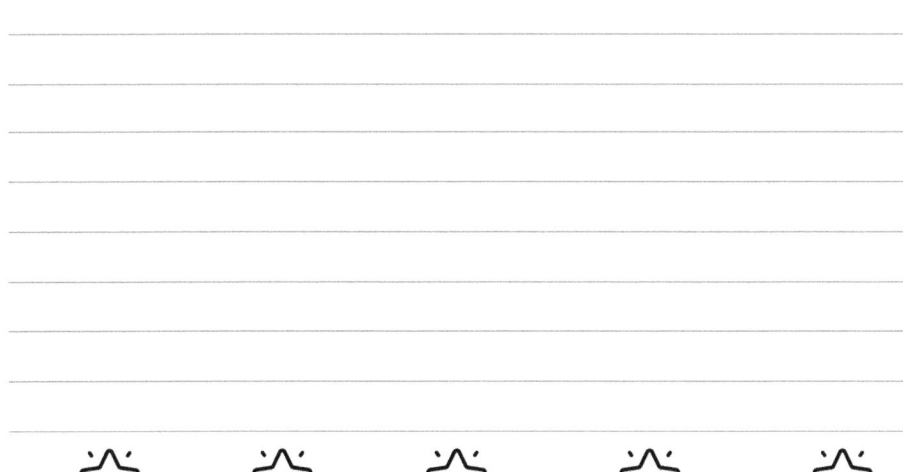

NOTES

NOM DE LA RECETTE

○ APÉRITIF ○ PLAT PRINCIPAL ○ CASSE-CROÛTE ○ DESSERT ○ _____ ○ _____ .

PARTS

TEMPS PRÉPARATION

TEMPS DE CUISSON

PRÉPARATION

INGRÉDIENTS

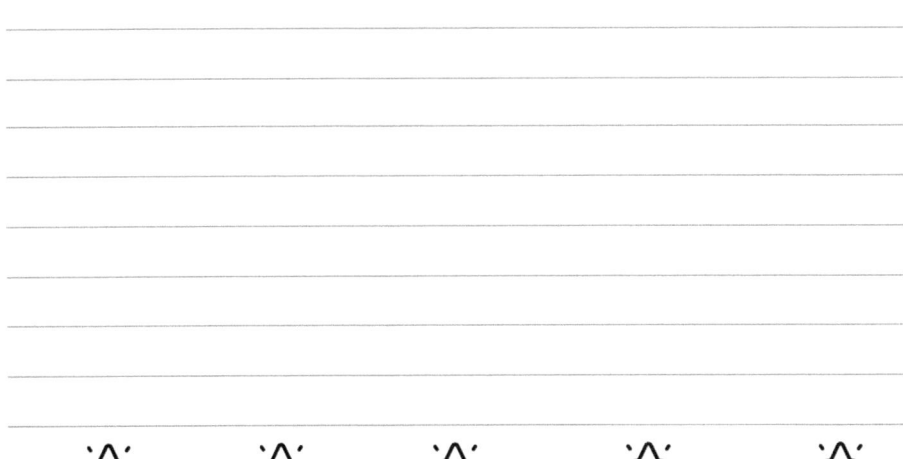

NOTES

NOM DE LA RECETTE

◯ APÉRITIF ◯ PLAT PRINCIPAL ◯ CASSE-CROÛTE ◯DESSERT ◯ _____ ◯ _____

PARTS

TEMPS PRÉPARATION

TEMPS DE CUISSON

PRÉPARATION

INGRÉDIENTS

NOTES

NOM DE LA RECETTE

○ APÉRITIF ○ PLAT PRINCIPAL ○ CASSE-CROÛTE ○ DESSERT ○ _____ ○ _____

PARTS

TEMPS PRÉPARATION

TEMPS DE CUISSON

PRÉPARATION

INGRÉDIENTS

NOTES

NOM DE LA RECETTE

○ APÉRITIF ○ PLAT PRINCIPAL ○ CASSE-CROÛTE ○ DESSERT ○_____ ○_____ .

PARTS   TEMPS PRÉPARATION   TEMPS DE CUISSON

PRÉPARATION   # INGRÉDIENTS

NOTES

_____ NOM DE LA RECETTE _____

○ APÉRITIF   ○ PLAT PRINCIPAL   ○ CASSE-CROÛTE   ○ DESSERT   ○ _____   ○ _____

PARTS   TEMPS PRÉPARATION   TEMPS DE CUISSON

PRÉPARATION

INGRÉDIENTS

NOTES

NOM DE LA RECETTE

○ APÉRITIF ○ PLAT PRINCIPAL ○ CASSE-CROÛTE ○DESSERT ○_____ ○_____

PARTS   TEMPS PRÉPARATION   TEMPS DE CUISSON

PRÉPARATION

INGRÉDIENTS

90

NOTES

NOM DE LA RECETTE

○ APÉRITIF ○ PLAT PRINCIPAL ○ CASSE-CROÛTE ○DESSERT ○_____ ○_____

PARTS

TEMPS PRÉPARATION

TEMPS DE CUISSON

PRÉPARATION

INGRÉDIENTS

NOTES

NOM DE LA RECETTE

○ APÉRITIF ○ PLAT PRINCIPAL ○ CASSE-CROÛTE ○ DESSERT ○ _____ ○ _____

PARTS   TEMPS PRÉPARATION   TEMPS DE CUISSON

PRÉPARATION

INGRÉDIENTS

NOTES

_____

NOM DE LA RECETTE

○ APÉRITIF   ○ PLAT PRINCIPAL   ○ CASSE-CROÛTE   ○ DESSERT   ○_____   ○_____

PARTS   TEMPS PRÉPARATION   TEMPS DE CUISSON

PRÉPARATION   # INGRÉDIENTS

NOTES

NOM DE LA RECETTE

○ APÉRITIF ○ PLAT PRINCIPAL ○ CASSE-CROÛTE ○ DESSERT ○ _____ ○ _____

PARTS

TEMPS PRÉPARATION

TEMPS DE CUISSON

PRÉPARATION

INGRÉDIENTS

NOTES

NOM DE LA RECETTE

○ APÉRITIF   ○ PLAT PRINCIPAL   ○ CASSE-CROÛTE   ○ DESSERT   ○ _____   ○ _____

PARTS   TEMPS PRÉPARATION   TEMPS DE CUISSON

PRÉPARATION

INGRÉDIENTS

NOTES

_____

NOM DE LA RECETTE

○ APÉRITIF ○ PLAT PRINCIPAL ○ CASSE-CROÛTE ○ DESSERT ○ _____ ○ _____

PARTS _____   **TEMPS PRÉPARATION** _____   **TEMPS DE CUISSON** _____

PRÉPARATION

_____

_____

_____

_____

_____

_____

_____

_____

_____

_____

_____

_____

_____

_____

_____

_____

_____

_____

_____

_____

_____

_____

_____

_____

INGRÉDIENTS

_____   _____

_____   _____

_____   _____

_____   _____

_____   _____

_____   _____

_____   _____

_____   _____

_____   _____

_____   _____

_____   _____

_____   _____

_____   _____

_____   _____

_____   _____

_____   _____

NOTES

NOM DE LA RECETTE

○ APÉRITIF ○ PLAT PRINCIPAL ○ CASSE-CROÛTE ○ DESSERT ○ _____ ○ _____

PARTS   TEMPS PRÉPARATION   TEMPS DE CUISSON

PRÉPARATION

INGRÉDIENTS

NOTES

NOM DE LA RECETTE

○ APÉRITIF ○ PLAT PRINCIPAL ○ CASSE-CROÛTE ○ DESSERT ○ _____ ○ _____

PARTS   TEMPS PRÉPARATION   TEMPS DE CUISSON

PRÉPARATION

INGRÉDIENTS

NOTES

_____

_____

_____

_____

_____

_____

_____

_____

ÉVALUATION

107

IMPRESSUM

Feedback:

feedback@mertens-publication.de

Édition : BoD – Books on Demand,
12/14 rond-point des Champs-Élysées, 75008 Paris.
Impression : BoD - Books on Demand, Norderstedt, Allemagne

ISBN: 978-2-3221-0157-3

1. Auflage

2018 Mertens Verlagsgruppe

Mertens Ventures Ltd.
Tefkrou Anthia No 2
Office 301
6045 Larnaca
Zypern

Icons by Freepik at www.flaticons.com
E-Mail: kontakt@mertens-publication.de